Orientalischer Küchenzauber
für dich!

Orientalischer Küchenzauber

für dich!

GONDROM

Verena Zemme leitet eine Text- und Bildagentur in Bad Tölz. Ihr besonderes Interesse gilt Ratgebern, Geschenkbüchern und der Kinder- und Jugendliteratur.

Gesa Gunturu lebt und arbeitet als Redakteurin und Autorin in München. Sie hat sich auf das Verfassen von Ratgebern spezialisiert; ihre Schwerpunktthemen sind Kochen, Gesundheit und Reisen.

Redaktion: Patrick Grootveldt, Corinna Hoch
Produktion: Verena Zemme, Akkaba Verlag und Agentur, Bad Tölz
Satz: Sylvio Cyrulik Design, Moosrain
Covergestaltung: Christine Retz
Umschlagfoto: Barbara Lutterbeck/Stockfood

Bildnachweis:
MEV, Augsburg: 6, 8, 9
Deutscher Teeverband e.V., Hamburg: 3, 11, 95
Düsseldorfer Löwensenf GmbH, Düsseldorf: 41, 73
The Food Professionals Köhnen GmbH, Sprockhövel: Fuchs Gewürze 15, 75/Galbani 85, 93/Goldpuder 83/
Ostmann Gewürze 23/Uncle Ben`s 65
Ketchum GmbH, München: Bad Reichenhaller Salz 33/CMA (Deutsche Butter) 13/USA Sonnenblumenkerne 63
Tupperware Deutschland GmbH, Frankfurt/Main: 27, 37, 39, 43, 49, 51, 61, 91
Unilever Deutschland Holding GmbH, Hamburg: Becel 87/Bertolli 25/Bertolli-Knorr 19, 55, 59/Brunch 35, 53, 69/
Brunch-Mazola 29/Du darfst 81/Mazola 57, 79/Mazola-Knorr 31, 45, 71, 77/Mazola-Pfanni 47/Mazola-Rama 17/
Mondamin 21/Rama 67/Sanella 89

Alle Zeichnungen: Beate Brömse, München

011

ISBN-10: 3-8112-2729-7
ISBN-13: 978-3-8112-2729-3

5 4 3 2 1

www.gondrom-verlag.de

Inhalt

Genießen wie im Morgenland

Die orientalische Küche spricht alle Sinne an. Farbenfroh und attraktiv sind die Speisen, überwältigend allein durch ihre Fülle, auf Dutzenden von Tellerchen und Schälchen appetitlich angerichtet. Das verführt dazu, mit den Fingern zuzufassen, alles häppchenweise zu genießen, wie es in arabischen Ländern ja auch Tradition ist. Der Duft von warmen Fladenbrot, die intensiven Gerüche der Gewürze kitzeln in der Nase, und unsere Geschmacksnerven erleben einen wahren Rausch widerstreitender köstlichster Aromen.

Orientalische Raffinesse

In der orientalischen Küche werden Sie selten sehr scharfe Gerichte antreffen, wie sie in der indischen und fernöstlichen Küche vorkommen. Die scharfen Würzpasten, etwa die bekannte „Harissa“, stellen Köche wie Hausfrauen gerne selbst her, um ihre Zusammensetzung zu variieren, und werden sie nie zu üppig dosieren. Man bevorzugt die pikant-säuerlichen, pfeffrig-zitronig-minzigen Geschmacksrichtungen als Kontrast zur betörenden Süße von Datteln, getrockneten Feigen und Aprikosen,

Sultaninen und Honig. Die Fülle der zur Verfügung stehenden getrockneten Gewürze tut ein Übriges, damit aus den einfachen Grundzutaten eine nie langweilige, stets aufs Neue überraschende Komposition wird.

Vielfalt wird groß geschrieben

Vom Bosporus nach Kairo, von Damaskus über ganz Nordafrika hat sich unter dem Einfluss der arabischen Herrschaft und des Islam eine bestimmte Zutatenliste herausgebildet, die natürlich starke regionale Unterschiede aufweist. Schweinefleisch wird man vergeblich suchen, Fisch wird nur in den küstennahen Gebieten angeboten. Dafür herrscht Lamm vor, aber auch Rindfleisch und Geflügel. In den westlich orientierten Nationen Tunesien und Libanon wird erfolgreich Weinbau betrieben, Alkohol zum Essen ist aber eher die Ausnahme. Die Gemüse sind ähnlich wie im gesamten Mittelmeerraum, gerne werden Auberginen verwendet, Zucchini, Tomaten, aber auch Kartoffeln. Pinienkerne und Sesamsaat, Knoblauch und frische Petersilie geben zusätzliche Würze. Gemüse wird nicht nur gekocht, sondern auch mit Gewürzen in Öl eingelegt und roh mit Dips gereicht.

Ein Erlebnis für alle Sinne

Ein typisches Essen besteht aus mehreren kleinen Gerichten. Die genüsslich und mit viel Zeit eingenommene Hauptmahlzeit ist, nicht zuletzt aus klimatischen Gründen, das Abendessen. Mittags werden kleine Snacks, zum Beispiel gefüllte Fladenbrote, Teigtäschchen oder Gemüsegerichte bevorzugt. Zwischendurch wird Salat oder Obst gegessen. Obst rundet auch, gemeinsam mit Süßspeisen, eine größere Mahlzeit ab. Arabische Süßspeisen, wie auch türkische oder asiatische, sind für unseren Geschmack sehr süß.

Getrocknete Zitrusfrüchte

Gerne werden in der orientalischen Küche getrocknete Zitronen- und Orangenschalen verwendet, deren Aroma zusammen mit Knoblauch, Minze, Pfeffer, aber auch süßen Geschmackszutaten vielseitig eingesetzt werden kann. Dafür waschen Sie die Früchte, trocknen sie ab und schälen sie mit einem scharfen kleinen Messer dünn ab. Trocknen Sie die Schalenabschnitte im Backofen bei 50 °C oder auf niedrigster Stufe einige Stunden, brechen oder zerkleinern Sie sie danach und bewahren Sie sie trocken auf.

Wir haben für dieses Buch Desserts ausgewählt, die dem westlichen Gaumen munden.

Orientalisch kochen bei uns

Grundzutaten der orientalischen Küche wie Couscous und Bulgur sind mittlerweile sogar in gut sortierten Supermärkten zu entdecken. Die meisten der getrockneten Gewürze wie Kardamom, Zimt und Ingwer sind bekannt. Aber auch Zutaten wie Sesampaste, Kichererbsenzubereitungen und sogar Würzpasten wie Harissa findet man bei uns in Reformhäusern und türkischen oder griechischen Feinkostläden. Diese bieten auch Fladenbrot an, das pur, gefüllt oder gewürzt Bestandteil jeder orientalischen Mahlzeit ist. Probieren Sie doch einfach einmal aus, wie gut sich die 43 köstlichen Rezepte dieses Kochbuches nachkochen lassen, denn wir haben bei der Auswahl darauf geachtet, dass Sie die Gerichte möglichst leicht zubereiten können.

- Das Kapitel „Ein orientalisches Fest“ ist eine Menüfolge, mit der Sie Gästen einen unvergesslichen Abend bereiten werden.

- Der „Kleine Vorspeisen-Basar“ bietet eine Auswahl feiner Gerichte, die Sie auf den orientalischen Geschmack bringen sollen.
- „Orientküche ganz leicht“ ist Genuss ohne Reue – leichte Kost, bei der wir auf Kalorien und Bekömmlichkeit geachtet haben.
- Gemüse auf besonders leckere Art, ob als Beilage oder als Hauptgericht, finden Sie im Kapitel „Gemüse – raffiniert gewürzt“.
- „Kleine Köstlichkeiten mit Huhn, Rind & Lamm“ laden rund ums Jahr ein, die vielfältige orientalische Kochkunst in unseren Alltag zu integrieren.
- „Süßes aus 1001 Nacht“ ist das Kapitel für alle, die Desserts und Süßes lieben oder noch einen Abschiedstrunk nehmen …

Wir wünschen Ihnen viel Spaß bei dieser außergewöhnlichen Entdeckungsreise für alle Sinne!

Harissa

Die lieben es scharf? Dann probieren Sie es doch einmal mit Harissa. Harissa ist eine vor allem in Nordafrika sehr beliebte Würzpaste. Sie besteht aus getrockneten roten Chilischoten und einer Mischung aus Kreuzkümmel, Koriandersamen, frischem Knoblauch und Salz, die zusammen zerstampft oder zermahlen und mit Olivenöl angerührt werden. Harissa kann auch bei uns fertig gekauft werden. Wenn Sie die Paste aus den oben erwähnten Zutaten selbst anrühren, können Sie die Schärfe jedoch besser Ihrem eigenen Geschmack anpassen.

Heißer Gewürztee

8 Tassen; Arbeitszeit: 20 Minuten

Für die Gewürze

½ TL frische Ingwerwurzel, 4 Tassen Frischmilch, 6 ganze, grüne Kardamomkapseln, 4 Gewürznelken, 1 TL Fenchselsamen, 1 TL Anis, 1 Zimtstange

Für den Tee

4 EL loser schwarzer Tee (zum Beispiel Assam-Tee)

Zum Dekorieren

Milch und Zimtpulver

Zubereitung

1. Das Stück Ingwerwurzel schälen und fein hacken. Alle Gewürze mit 6 EL Wasser in einem Topf zum Kochen bringen, umrühren und bei geringer Hitze im offenen Topf eine Minute köcheln lassen.
2. Den Tee zum Gewürzsud geben und alles noch einmal aufkochen. Dann sofort auf kleinste Stufe stellen und 10 – 15 Minuten ziehen lassen.
3. Den Gewürztee anschließend durch ein Sieb direkt in die Tassen oder in eine Kanne gießen.
4. Vor dem Servieren etwas Milch aufschäumen, den Milchschaum auf den Tee geben und mit Zimtpulver bestreuen.

Gut zu wissen

Tee als Lebenselixier: Während in Nordafrika der süße Minztee am beliebtesten ist, wird in anderen arabischsprachigen Ländern schwarzer Tee immer, überall und zu jeder Gelegenheit getrunken – häufig sehr stark gesüßt oder mit Gewürzen aromatisiert.

Erbsensuppe Damaskus

4 Portionen; Arbeitszeit: 15 Minuten
Garzeit: 30 Minuten

Für die Suppe

2 Zwiebeln, 80 g Sauerrahmbutter, 750 g tiefgekühlte Erbsen, ¾ l kräftige, heiße Gemüse- oder Hühnerbrühe (Instant), je 1 – 2 Prisen Salz und schwarzer Pfeffer, 1 – 2 EL Zitronensaft, 150 ml Sahne, 3 frische Zweige Minze

Zubereitung

1 Die Zwiebeln schälen und fein würfeln. Die Sauerrahmbutter in einem Topf zerlassen. Die Zwiebeln darin bei schwacher Hitze glasig dünsten. Die Erbsen hinzufügen und kurz mitdünsten. Mit der heißen Brühe aufgießen und alles 15 Minuten bei mittlerer Hitze köcheln lassen.

2 Etwa 6 EL Erbsen herausnehmen und beiseite stellen. Die übrigen Erbsen mit der Brühe pürieren. Die Suppe anschließend mit Salz, Pfeffer und Zitronensaft würzen und die Sahne einrühren.

3 Anschließend die Suppe aufkochen und weitere 2 – 3 Minuten köcheln. Die restlichen Erbsen in der Suppe erhitzen.

4 Die Minzezweige abspülen, Blätter von den Stielen zupfen und ¾ der Blätter in feine Streifen schneiden. Die Blätter-Streifen zusammen mit den ganzen Blättern auf die Suppe streuen. Die Suppe sofort servieren.

Tipp

Sie können auch frische Erbsen verwenden. Um 100 g Erbsen zu bekommen, benötigen Sie 300 g Erbsenschoten. Für diese Suppe brauchen Sie also 2 ¼ Kilogramm Erbsenschoten. Statt Erbsenschoten können Sie auch Zuckerschoten im Ganzen verwenden, wenn Sie den Geschmack der Suppe ein wenig variieren möchten. Zuckerschoten schmecken etwas süßer als Erbsenschoten.

Gut zu wissen

Minze ist eine wichtige Zutat in der orientalischen Küche. Damit Sie jederzeit Minzearoma zur Hand haben, können Sie die Blätter auch selbst trocknen. Dazu möglichst große und makellose Blätter abzupfen und ausgebreitet an der Luft trocknen (an einem warmen, aber nicht sonnigen Ort), oder im Backofen bei niedrigster Temperatur dörren, bis sie „knistern". Die Minze in einem Einmachglas aufbewahren.

Auberginen mit Gewürzjoghurt

4 Portionen; Arbeitszeit: 45 Minuten

Für das Gemüse

3 Auberginen, 6 große Eiertomaten, 1 Zwiebel, etwa 80 ml oder 8 EL Olivenöl, 125 ml Tomatensaft, 1 – 2 TL Knoblauch-Würzpaste, ½ TL ganze Nelken, 2 Messerspitzen Cayennepfeffer, 2 Stangen Zimt (zum Beispiel Fuchs „Ceylon Canehl"), ½ – 1 TL Cumin, 3 EL Johannisbeeren, 2 EL gehackte Minzblättchen, Salz, 3 Messerspitzen gemahlener schwarzer Pfeffer (alle Gewürze gibt es zum Beispiel von Fuchs)

Für den Gewürzjoghurt

300 g Naturjoghurt, ¼ – ½ TL gemahlener Cumin, 1 Messerspitze gemahlener Koriander (alle genannten Gewürze gibt es zum Beispiel von Fuchs)

Zubereitung

1 Auberginen waschen, putzen und in etwa einen Zentimeter dicke Scheiben schneiden. Tomaten kreuzweise einritzen, überbrühen, häuten, entkernen und ihr Fruchtfleisch in kleine Würfel schneiden. Zwiebel abziehen und fein würfeln.

2 2 EL Olivenöl in einer Pfanne erhitzen und die Zwiebelwürfel darin andünsten. Tomatensaft, -würfel, Knoblauch-Würzpaste, Nelken, Cayenne-Pfeffer, Zimt, Cumin, Johannisbeeren und Minze einrühren und bei mittlerer Hitze etwa 10 Minuten garen. Anschließend Zimtstangen und Nelken entfernen und die Sauce mit Salz und Pfeffer abschmecken.

3 In einer zweiten Pfanne die Auberginenscheiben im restlichen Öl von beiden Seiten einige Minuten anbraten, zur Tomatenmischung geben und nochmals mit den Gewürzen pikant abschmecken.

4 Joghurt, Cumin, Korianderpulver, Salz und Pfeffer verrühren und zu den Auberginen servieren. Mit Zimtstangen, Kräutern und Cumin garnieren.

Syrische Kartoffeln mit Lammhackbällchen

4 Portionen; Arbeitszeit: 25 Minuten, Garzeit: insgesamt 30 – 35 Minuten

Für die Kartoffeln

1 kg Kartoffeln, 1 Bund Minze, 1 Bund Petersilie, Saft von 1 ½ Zitronen, 1 – 2 TL Zucker, Salz, frisch gemahlener Pfeffer, 100 ml Olivenöl (zum Beispiel Mazola Natives Olivenöl extra)

Für die Lammhackbällchen

1 Zwiebel, 1 Knoblauchzehe, 300 g Lammhackfleisch, 1 Ei, 4 EL Paniermehl (oder Semmelbrösel), Salz, Pfeffer, Paprikapulver, 1 Messerspitze Zimt, ½ TL gemahlener Kümmel, 4 EL Sesamsamen, 2 EL Pflanzencreme (zum Beispiel Rama Culinesse Pflanzencreme)

Zubereitung

1. Kartoffeln abbrausen und 20 – 25 Minuten kochen. Anschließend pellen und in Scheiben schneiden.
2. Die Minze und Petersilie waschen, trockenschütteln und fein hacken. Zitronensaft, Zucker, Salz und Pfeffer vermischen, mit dem Olivenöl aufschlagen und zusammen mit den Kräutern unter die fertigen Kartoffeln mischen. Warm halten.
3. Für die Hackbällchen Zwiebel und Knoblauch schälen und klein würfeln. Lammhackfleisch mit Ei, Zwiebeln, Knoblauch, Paniermehl sowie 1 TL Salz, etwas Pfeffer, Paprikapulver, Zimt und Kümmel gut vermengen. Mit feuchten Händen daraus 16 walnussgroße Bällchen formen.
4. Die Bällchen mit Sesamsamen bestreuen, die Samen andrücken und die Bällchen in Pflanzencreme bei mittlerer Hitze 10 – 15 Minuten braten. Zusammen mit den gewürzten Kartoffeln servieren.

Schmortopf mit Kichererbsen

2 – 3 Portionen; Arbeitszeit: 20 – 25 Minuten, Garzeit: 30 Minuten

Für den Schmortopf

400 g Lammfleisch (aus der Keule), 1 kleine Zwiebel, 2 Knoblauchzehen, 2 EL Olivenöl (zum Beispiel von Bertolli), Salz, Pfeffer

Für die Kichererbsen

1 Dose Kichererbsen (Abtropfgewicht 240 g), 1 Beutel Fertigwürze (zum Beispiel Knorr Fix für Schinken-Hack-Röllchen), 10 getrocknete Aprikosen, Kreuzkümmel, Cayennepfeffer

Zubereitung

1. Lammfleisch in etwa 2 cm große Würfel schneiden. Die Zwiebel schälen und in Spalten schneiden. Knoblauchzehen schälen und hacken.
2. Das Olivenöl in einem weiten Topf erhitzen. Das Fleisch mit Salz und Pfeffer würzen und rundherum anbraten. Zwiebeln und Knoblauch zufügen und mitbraten.
3. Kichererbsen in ein Sieb gießen, die Flüssigkeit dabei auffangen. Mit Wasser auf 450 ml auffüllen. Zum Fleisch geben, den Beutelinhalt Fertigwürze einrühren und alles aufkochen.
4. Die getrockneten Aprikosen halbieren und mit den Kichererbsen zum Fleisch geben. Zugedeckt bei schwacher Hitze etwa 30 Minuten schmoren. Mit Kreuzkümmel und Cayennepfeffer pikant abschmecken. Dazu schmeckt Couscous mit Gemüse oder Basmati-Reis.

Süßes Mohrrüben-Dessert

2 – 3 Portionen; Arbeitszeit: 30 Minuten

Für das Dessert

400 g Möhren, 1 EL Butter oder Margarine, 1 TL Zucker, ½ l Milch, 1 Beutel Puddingpulver Bourbon-Vanille-Geschmack (zum Beispiel von Mondamin), ½ – 1 TL gemahlener Kardamom, ½ Flasche Bittermandelaroma

Zum Garnieren

Je 2 – 3 EL Mandelsplitter, ungesalzene Pistazien, Cashewnüsse

Zubereitung

1 Die Möhren schälen und fein raspeln. In zerlassenem Fett bei schwacher Hitze zugedeckt etwa 10 Minuten dünsten. Den Zucker untermischen. Milch dazugießen und sprudelnd aufkochen lassen.

2 Den Topf von der Herdplatte nehmen und sofort den Vanillepudding einrühren. Noch 3 Minuten stehen lassen. Kardamom und Bittermandelaroma zugeben und durchrühren.

3 Mandelsplitter, Pistazien und Cashewnüsse in einer Pfanne ohne Fettzugabe rösten. Den Pudding damit bestreuen; warm oder kalt genießen.

Gut zu wissen

Der Ablauf Vorspeise – Hauptgericht – Dessert ist in arabischen Ländern weniger starr geregelt als bei uns. Der Tisch biegt sich förmlich unter der Last verschiedener Schüsselchen mit kalten und warmen Köstlichkeiten. Dies entspricht auch der Vorliebe in der orientalischen Küche, Süßes und Pikantes auf interessante Art miteinander zu verbinden. Wie ein Reis- oder Gemüsegericht mit Rosinen und Früchten versüßt werden kann, so finden sich mitunter in süßen Cremes pikante Gewürze oder, wie in obigem Beispiel, Nüsse und Möhren in einem Pudding.

Rührei „Orientalisch"

4 Portionen; Arbeitszeit: 15 Minuten

Für das Rührei

1 Tomate, je ½ kleine rote, gelbe und grüne Paprikaschote, 8 Eier, 50 ml Milch, Salz, 1 EL Butter

Zum Würzen

je 1 Messerspitze weißer gemahlener Pfeffer, gemahlener Kardamom, granuliertes Vanille-Aroma, etwas Chilipulver und gemahlener Zimt (alle Gewürze zum Beispiel von Ostmann)

Zubereitung

1. Die Tomate waschen, halbieren, Stielansatz entfernen und entkernen. Paprikaschoten putzen, waschen und ebenso wie das Tomatenfruchtfleisch in feine Würfel schneiden.
2. Eier und Milch verquirlen, mit Salz, Pfeffer, Kardamom und Vanille-Aroma pikant würzen und in der erhitzten Butter in einer großen Pfanne braten.
3. Die Rühreier nach Wunsch auf einem Salatbett oder mit frischem Fladenbrot anrichten und mit Chilipulver und Zimt bestreut servieren.

Gut zu wissen

In diesem schnell zubereiteten vegetarischen Rührei finden sich einige der wichtigsten orientalischen Gewürzaromen. Unverzichtbar sind neben Pfeffer und Zimt der Kardamom, Kreuzkümmel oder Cumin, Koriandersamen, Kurkuma oder Gelbwurz, Ingwer, Minze, Gewürznelken und Piment. Hinzu kommen Safranfäden als eines der teuersten und feinsten Gewürze. Zusammen mit Paprikapulver und Chilipulver bilden diese Aromen den Schlüssel zur abwechslungsreichen Küche des Orients.

Brotaufstrich aus roten Linsen mit Salbei

4 Portionen; Arbeitszeit: 15 – 20 Minuten + kurze Wartezeit
Garzeit: 20 Minuten

Für die Paste

180 g rote Linsen, 2 Knoblauchzehen, 1 kleine Zwiebel, ½ l Gemüsefond (aus dem Glas), ½ TL Fenchelsaat, ½ TL Kümmel, 70 g pflanzlicher Brotaufstrich (zum Beispiel von Bertolli), Salz, Pfeffer

Außerdem: 1 Fladenbrot in Scheiben, 12 frische Salbeiblättchen

Zubereitung

1 Linsen unter kaltem Wasser abspülen. Knoblauch und Zwiebel schälen und fein würfeln. Linsen, Zwiebeln und Knoblauch mit dem Gemüsefond zugedeckt bei schwacher Hitze etwa 20 Minuten weich kochen. Ab und zu umrühren.

2 Linsen abkühlen lassen, mit einem Stabmixer pürieren oder durch ein feines Sieb streichen.

3 Fenchel- und Kümmelkörner in einem Mörser fein mahlen und mit 2 EL Brotaufstrich unter das kalte Linsenpüree rühren. Mit Salz und Pfeffer kräftig abschmecken.

4 Den restlichen Brotaufstrich in einer Pfanne zerlassen und die Salbeiblättchen darin kross anbraten. Das Fladenbrot vierteln und aufschneiden, eventuell im Toaster goldgelb rösten. Die Linsenpaste auf die Brote streichen und mit den angebratenen Salbeiblättchen garnieren.

Tipp

Geschälte rote Linsen müssen nicht extra eingeweicht werden und garen schneller als ungeschälte Hülsenfrüchte, allerdings zerfallen sie beim Kochen leichter.

Tomaten-Gurken-Salat mit Couscous

3 – 4 Portionen; Arbeitszeit: 15 Minuten + kurze Wartezeit

Für den Salat

400 g Tomaten, 1 kleine Salatgurke, 2 EL Olivenöl (zum Beispiel von Bertolli), ½ TL gemahlener Kreuzkümmel, 1 Becher Fertigdressing (zum Beispiel Knorr Salatkrönung Joghurt-Dressing „Knoblauch-Kräuter“), einige Stiele frische Minze

Außerdem: 80 g Instant-Couscous

Zubereitung

1 Couscous nach der Packungsanleitung mit kochendem Wasser übergießen, quellen und abkühlen lassen.

2 Tomaten waschen, den Stielansatz herausschneiden und in Würfel schneiden. Gurke schälen, eventuell entkernen und ebenfalls würfeln. Tomaten- und Gurkenwürfel in einer Schüssel mit Olivenöl vermischen.

3 Den Couscous mit einer Gabel etwas auflockern und zusammen mit dem Kreuzkümmel zu den Gemüsewürfeln geben.

4 Den Salat auf Tellern anrichten und das Joghurt-Dressing darüber verteilen. Minzeblättchen abzupfen und den Salat damit garnieren.

Tipp

Als Ersatz für das Fertigdressing können Sie den Salat mit Joghurt, etwas Zitronensaft, gepresstem Knoblauch, Salz und Pfeffer und mit etwas klein gehackter frischer Petersilie anrichten.

Gut zu wissen

Couscous ist ein grober Weizengrieß, der besonders in Nordafrika sehr beliebt ist. Mit seinem hohen Nährwertgehalt und dem feinen nussigen Aroma eroberte er erst die Reformhäuser und inzwischen sogar die Feinschmeckerrestaurants. Mittlerweile erhalten Sie Couscous auch in der Instant-Version in Supermärkten. Die Zubereitung dieses vorgegarten Couscous ist einfach und geht sehr schnell.

Kichererbsenmus auf Linsensalat

4 Portionen; Arbeitszeit: 35 Minuten, Einweichzeit: über Nacht
Garzeit: insgesamt 1 ½ Stunden

Für das Kichererbsenmus

200 g getrocknete Kichererbsen, oder 1 Dose Kichererbsen, Salz, 1 Zitrone, 1 Zwiebel, 2 Knoblauchzehen, 1 EL Olivenöl (zum Beispiel Mazola Natives Olivenöl extra), 150 g Kräuter Joghurtcreme (zum Beispiel Brunch Feine Kräuter), Ingwerpulver, Kreuzkümmel, Cayennepfeffer, Kurkuma, 2 EL gerösteter Sesam

Für den Linsensalat

150 g rote Linsen, ¼ l Gemüse-Kraftbouillon, 1 kleine Stange Lauch, 175 g Cocktailtomaten, 75 g schwarze entsteinte Oliven, 2 EL Sherryessig, 1 TL mittelscharfer Senf, 5 EL Olivenöl (zum Beispiel Mazola Natives Olivenöl extra), Salz, Pfeffer, Zucker

Zubereitung

1 Getrocknete Kichererbsen in reichlich Wasser über Nacht einweichen. Wasser abgießen, Kichererbsen in einen Topf geben und mit frischem Wasser bedeckt zum Kochen bringen. Bei schwacher Hitze etwa 1 ½ Stunden kochen. Kichererbsen aus der Dose (ohne Einweichen) etwa 15 – 20 Minuten kochen. Die Kichererbsen kurz vor Schluss salzen, in ein Sieb abgießen und die Kochflüssigkeit auffangen.

2 Die Zitrone auspressen. Zwiebel und Knoblauch schälen, würfeln und im Olivenöl andünsten. Kichererbsen, Zwiebel-Knoblauchgemisch, Joghurtcreme, 4 EL Zitronensaft und 4 EL Kochflüssigkeit mit dem Pürierstab pürieren. Alles mit den Gewürzen pikant abschmecken und den Sesam untermischen.

3 Für den Salat die Linsen abspülen und mit der Bouillon zum Kochen bringen. 12 – 15 Minuten bei kleiner Hitze bissfest kochen. Lauch putzen, waschen und in feine Ringe schneiden. 2 Minuten vor Ende der Garzeit zu den Linsen geben.

4 Die Tomaten halbieren oder vierteln, Oliven und das noch warme Linsen-Lauchgemisch miteinander vermengen und auf 4 Tellern anrichten.

5 Essig, Senf und Öl zu einer Marinade verrühren, mit Salz, Pfeffer und Zucker pikant abschmecken. Marinade über den Salat verteilen. Vom Kichererbsenmus Klößchen abstechen und auf dem Salat anrichten. Dazu passt Fladenbrot.

Kokos-Tomaten-Suppe

2 – 3 Portionen; Zubereitungszeit: 20 Minuten

Für die Suppe

1 Zwiebel, 1 Knoblauchzehe, 1 grüne Chilischote, 1 – 2 EL Sesamöl oder Keimöl (zum Beispiel von Mazola), 1 – 2 TL gemahlener Koriander, eventuell ½ TL Fenchelsamen, 370 g gewürzte Tomaten (zum Beispiel 1 Packung Knorr Tomato al Gusto „Picante“), 400 ml Kokosmilch (Dose), 1 EL Zucker, Pfeffer, Salz

Außerdem: 2 Zweige Minze, 1 kleines Stück Kokosfruchtfleisch zum Garnieren

Zubereitung

1 Zwiebel und Knoblauchzehe schälen, Zwiebel fein würfeln, Knoblauch fein hacken. Chilischote entkernen, waschen und in Scheiben schneiden.

2 Zwiebeln und Knoblauch in einem Topf im heißen Öl glasig dünsten. Chilischoten und die übrigen Gewürze dazugeben und 1 – 2 Minuten mitdünsten.

3 Die gewürzten Tomatenstückchen und die Kokosmilch hinzufügen und aufkochen lassen. Mit Zucker, Pfeffer und Salz würzen. Suppe mit einem Stabmixer aufschäumen. Einen Teil der Minzeblätter hacken und unterrühren, den Rest auf die Suppe streuen. Kokosfleisch mit einem Sparschäler in feine Streifen schneiden und die Suppe damit garnieren.

Tipp

Wenn Sie ganze Kokosnüsse kaufen, suchen Sie die „Augen“ am oberen Ende und schlagen Sie mit einem Hammer in eines oder zwei davon einen kräftigen Nagel hinein. Jetzt können Sie die Flüssigkeit aus dem Inneren auffangen. Danach lässt sich die Kokosnuss meist problemlos in einzelne Segmente zerteilen und das innere Fruchtfleisch herauslösen.

Auberginen-Salat mit Rucola

2 Portionen; Arbeitszeit: 15 Minuten, Garzeit: 10 – 15 Minuten
Marinierzeit: 30 Minuten

Für den Salat

1 Aubergine, 1 Bund Rucola, 1 Chilischote, 2 EL Olivenöl, 1 EL Kapern, 4 EL Zitronensaft, Pfeffer aus der Mühle, Sprühsalz (zum Beispiel Bad Reichenhaller Alpen QuellSole) oder Meersalz

Zubereitung

1 Aubergine waschen und würfeln. Rucola abspülen, trockenschütteln und klein zupfen. Die Chilischote entkernen, waschen und in dünne Ringe schneiden.

2 In einer Pfanne 1 EL Öl erhitzen, Auberginenwürfel und Chiliringe darin anbraten. 2 EL Wasser zugeben, etwa 10 Minuten weich schmoren.

3 Die Kapern abtropfen lassen. Auberginen, Chiliringe, Rucola und Kapern mischen. Zitronensaft, Pfeffer und restliches Öl verrühren und über den Salat träufeln. Etwa ½ Stunde ziehen lassen.

4 Zum Schluss 4 bis 5 Stöße Sprühsalz oder eine Prise Meersalz über den Salat geben und servieren.

Gut zu wissen

Rucola oder Rauke erfreut sich in den letzten Jahren auch bei uns wachsender Beliebtheit. Der feinherbe Geschmack der zarten Blättchen passt besonders gut zu nussigen, zitronig-pikanten bis scharfen Dressings und lässt sich ideal mit Lachs, Zucchini oder wie in diesem Rezept mit Auberginen kombinieren.

Yufkaröllchen

4 Portionen; Arbeitszeit: 25 – 30 Minuten

Für die Röllchen

4 Yufka-Teigblätter (dreieckige dünne Teigblätter erhältlich in türkischen Lebensmittelläden)

Für die Füllung

1 Bund Schnittlauch, 1 großes Bund glatte Petersilie, 200 g Gurke-Dill-Knoblauch-Aufstrich (zum Beispiel Brunch), 200 g Magerquark, Salz, frisch gemahlener Pfeffer, 4 – 5 EL Olivenöl

Außerdem: schwarzer und weißer Sesam zum Bestreuen

Zubereitung

1. Den Schnittlauch verlesen, waschen, trockenschütteln und in feine Stücke schneiden. Die Petersilienblättchen waschen, trockentupfen und fein hacken.
2. Den fertigen Gurke-Dill-Knoblauch-Aufstrich in einer Schüssel mit dem Quark und den zerkleinerten Kräutern verrühren. Mit Salz und Pfeffer würzen. Ersatzweise ½ Becher fetthaltigen Joghurt mit 200 g Magerquark und frischen Kräutern Ihrer Wahl anrühren.
3. Die Yufka-Blätter in 12 Dreiecke schneiden. Verwenden Sie hierfür am besten eine Schere. Die Teigdreiecke nebeneinander auf die Arbeitsplatte legen und mit Wasser bepinseln, um ein Brechen des Teiges zu verhindern. Auf die breite Seite je etwa 1 EL Füllung geben, die Seiten einklappen und zur Spitze hin fest aufrollen.
4. Das Öl in einer beschichteten Pfanne erhitzen. Die Teigröllchen bei mittlerer Hitze knusprig braten. Vorsicht: Die Röllchen garen schnell. Lassen Sie den Teig nicht zu dunkel werden!
5. Die fertigen Röllchen aus der Pfanne nehmen, sofort mit Sesam bestreuen und heiß servieren.

Kürbissuppe Izmir

4 Portionen; Arbeitszeit: 25 – 30 Minuten
Garzeit: 40 Minuten

Für die Suppe

1 Kürbis (etwa 1,2 kg), 1 Zwiebel, 4 Kartoffeln, 2 Möhren, 750 ml Wasser, Salz, 1 – 2 EL Brühe, Pfeffer, 150 g Crème fraîche, 2 Scheiben Weißbrot, 40 g Butter

Für die Einlage

3 EL Kürbiskerne, 1 EL Butter, 1 EL Kürbiskernöl

Zubereitung

1. Kürbis mit einem großen Küchenmesser vierteln und mit einem Löffel Kerne und Fäden herauskratzen. Kürbisviertel in Spalten schneiden, die Schale entfernen und das Fruchtfleisch würfeln. Die Zwiebel fein hacken, Kartoffeln und Möhren schälen und ebenfalls in Würfel schneiden.
2. Alle Zutaten in einem großen Topf zum Kochen bringen, leicht salzen und zugedeckt bei kleiner Hitze etwa 40 Minuten köcheln lassen, dabei öfter umrühren.
3. Die Suppe mit dem Stabmixer pürieren, mit gekörnter Brühe und Pfeffer würzen und Crème fraîche unterrühren. Das Weißbrot entrinden und würfeln und in der Butter goldbraun rösten.
4. Die Kürbiskerne klein hacken. Die Butter in einer großen Pfanne heiß werden lassen und die Kürbiskerne darin anrösten.
5. Die Suppe kochend heiß in Teller schöpfen. Je ¼ der gerösteten Kürbiskerne und der Weißbrotwürfel über jeden Teller streuen und mit etwas Kürbiskernöl beträufeln.

Wer im Besitz von Tupperware ist, kann für die Zubereitung der Kürbissuppe Izmir verwenden: Schneidbrett für A 51, Kochmesser 20 cm, Schälfix, Vitalic 2,0 l-Kasserolle.

Ägyptischer Bulgur-Salat

6 Portionen; Arbeitszeit: 25 Minuten, etwas Wartezeit

Für den Bulgur

1 l Gemüsebrühe (Instant), 500 g Bulgur (erhältlich in größeren Supermärkten, Reformhäusern, türkischen Lebensmittelläden)

Für den Salat

je 1 rote und grüne Paprika, 4 Tomaten, 1 Bund Frühlingszwiebeln, 1 hartgekochtes Ei nach Wunsch

Für die Sauce

5 – 6 Pfefferminzblätter, 3 – 4 Knoblauchzehen, Saft von 1 – 2 Zitronen, 2 EL Tomatenmark, 1 EL roter Pfeffer, Salz

Zubereitung

1 Die Brühe in einem hohen Topf zum Kochen bringen und den Bulgur einrühren. Den Topf vom Herd nehmen und den Bulgur in der Brühe quellen lassen. Wird er zu körnig, noch etwas heißes Wasser zugeben. Den Bulgur auskühlen lassen.

2 Inzwischen die Paprikaschoten waschen, vierteln und Kerngehäuse und Kerne entfernen. Die Paprika in Streifen schneiden. Die Tomaten waschen und würfeln, dabei den Stielansatz entfernen. Die Frühlingszwiebeln putzen, waschen und in Ringe schneiden.

3 Für die Sauce die Pfefferminzblättchen in feine Streifen schneiden. Die Knoblauchzehen schälen und auspressen. Den Zitronensaft in einem Schälchen mit dem Tomatenmark mischen, mit Pfeffer und Salz würzen.

4 Das vorbereitete Gemüse und die Sauce mit dem Bulgur mischen. Eventuell nochmals mit Salz, Pfeffer und Gewürzen abschmecken.

5 Den ägyptischen Bulgur-Salat nach Wunsch auf Blattsalat anrichten und mit Eischeiben garnieren.

Wer im Besitz von Tupperware ist, kann für die Zubereitung des Bulgur-Salat verwenden: Schneidbrett für A 51, Kochmesser 20 cm, Schälfix, Vitalic 2,0 l-Kasserolle Knofi, Zitruspresse, Junge Welle 4,3 l-Schüssel.

Gut zu wissen

Bulgur ist ein wichtiger Bestandteil vieler Gerichte im Nahen Osten und ähnelt in der Beschaffenheit dem Couscous, der in nordafrikanischen Regionen bevorzugt wird. Bulgur besteht aus vorgegartem, getrocknetem und geschältem Weizen, der geschrotet wird. Er ist nährstoffreich und sättigend und gart schnell.

Blätterteigmützen mit Joghurt-Dill-Dip

4 Portionen; Arbeitszeit: 35 Minuten

Für den Dip

200 g Rahmjoghurt (10 % Fett), 3 EL Crème fraîche, 3 EL scharfer Senf (zum Beispiel Löwensenf Extra), 1 TL gehackter Dill (Tiefkühl-Kräuter oder frisch), 1 TL Olivenöl, ½ kleine Salatgurke, 1 Knoblauchzehe, Salz, Zucker

Für die Blätterteigtaschen

250 g Hähnchenbrustfilet, 2 EL Speiseöl, 2 TL Gewürzmischung (zum Beispiel Gyros-Gewürz), 4 große Blätter Filo-Teig, 1 Eiweiß, Öl zum Frittieren

Zubereitung

1 Joghurt mit Crème fraîche, dem Senf, Dill und Olivenöl verrühren. Gurke schälen, Kerne entfernen und raspeln. Knoblauch schälen und durchpressen.

2 Gurke und Knoblauch mit dem Senf-Joghurt verrühren und den Dip mit Salz und etwas Zucker abschmecken.

3 Das Hähnchen klein schnetzeln, mit dem Öl und der Gewürzmischung vermengen und in einer Pfanne knusprig braun anbraten.

4 Die Filo-Teig-Scheiben halbieren und in der Mitte jeweils mit einem Esslöffel gebratenem Hähnchen sowie einem Teelöffel Dip belegen. Die Ränder der Teigscheiben mit Eiweiß bestreichen, die Seiten einschlagen und aufrollen, sodass kleine Päckchen entstehen.

5 Ausreichend Öl in einer Fritteuse oder hohen Pfanne auf 175 °C erhitzen. Die Blätterteigmützen goldbraun frittieren und mit dem restlichem Dip servieren.

Couscous in Paprikaschoten

4 Portionen; Arbeitszeit: 15 – 20 Minuten, Garzeit: insgesamt 20 Minuten, Backzeit: 20 Minuten

Für den Couscous

1 Tasse Couscous, 2 Tassen Gemüsebrühe, ½ TL Kräutersalz

Für die Paprikaschoten

4 – 5 Paprika, 1 Apfel, 1 Zwiebel, 100 g Käse, 20 g Butter, 4 EL Wasser, 3 EL Crème fraîche, 200 g Sauerkraut, 2 TL Curry, Salz, Pfeffer

Zubereitung

1. Couscous mit Brühe und Kräutersalz in der Mikrowelle bei 600 Watt etwa 5 Minuten garen, 10 Minuten ausquellen lassen. Oder Instant-Couscous nach Packungsangabe zubereiten.
2. Paprikaschoten längs halbieren, entkernen und waschen. Apfel schälen, vom Kerngehäuse befreien und klein schneiden. Zwiebel fein würfeln.
3. Den Käse reiben, und den Backofen auf 200 °C (Umluft: 175 – 180 °C / Gas: Stufe 3 – 4) vorheizen.
4. Butter in einer großen Pfanne erhitzen, Zwiebeln darin glasig dünsten, Wasser, Crème fraîche, Sauerkraut, Curry, Salz und Pfeffer zugeben und alles etwa 5 Minuten dünsten.
5. Couscous, Apfel und Käse zugeben und gut verrühren. Die Masse auf die Paprikahälften verteilen, in eine gefettete Auflaufform setzen und im heißen Backofen etwa 20 Minuten backen.

Wer im Besitz von Tupperware ist, kann für die Zubereitung des Couscous in Paprikaschoten verwenden: Microplus, 1,0 l-Kanne, UltraPlus 3,0 l-Kasserollen-Set oval.

Gut zu wissen

Zu den Grundnahrungsmitteln der orientalischen Küche gehört der aus Weizen hergestellte Couscous oder Kuskus, der ähnlich wie Reis sehr wandlungsfähig ist. So kann auch Couscous in immer neuen Geschmacksvarianten zubereitet werden. Weitere wichtige Energiespender sind Weizenmehl zur Herstellung von Brot und die nahrhaften Kichererbsen, gekocht als Gemüse, in Salaten oder püriert als Grundlage von Pasten und vegetarischen Bällchen.

Schnelles Kürbis-Ratatouille

4 Portionen; Arbeitszeit: 10 Minuten, Garzeit: gesamt 25 Minuten

Für das Lammfilet

600 g ausgelöster Lammrücken (4 Lammlachse), Salz, schwarzer Pfeffer, 4 EL Speiseöl (zum Beispiel Mazola Keimöl)

Für das Kürbis-Ratatouille

2 Beutel Ratatouille-Fertiggewürz (zum Beispiel Knorr Fix für Ratatouille), 800 g Kürbisstücke aus dem Glas, gemahlene Gewürznelken

Zubereitung

1. Den Backofen auf 175 °C (Gas: Stufe 2/Umluft: 150 °C) vorheizen. Das Lammfleisch rundum gut mit Salz und Pfeffer würzen. Speiseöl in der Pfanne erhitzen und das Filet oder die Lammlachse im heißen Öl rundherum kräftig anbraten. Das Filet in eine leicht gefettete feuerfeste Form legen und im vorgeheizten Ofen etwa 8 Minuten garen.
2. Inzwischen ¼ l (250 ml) kaltes Wasser in einen Topf gießen. Die Ratatouille-Würzmischung einrühren und unter Rühren aufkochen. Kürbisstücke abtropfen lassen, dazugeben und mit gemahlenen Nelken abschmecken. Das Kürbis-Ratatouille zugedeckt bei schwacher Hitze 5 Minuten garen. Das Lammfilet aus dem Ofen nehmen und vor dem Anschneiden 3 Minuten ruhen lassen.

Tipp

Als Beilage zum Ratatouille passen sehr gut Kartoffeln, zubereitet wie im Rezept „Syrische Lammhackbällchen“ auf Seite 16, oder einfach frisches Fladenbrot, das Sie kurz im noch heißen Backofen aufrösten können.

Hähnchenschenkel mit Sesampüree

3 Portionen; Arbeitszeit: 10 – 15 Minuten, Backzeit: 30 Minuten

Für die Hähnchenschenkel

6 Hähnchenunterschenkel (etwa 600 g), Salz, weißer Pfeffer, 1 TL edelsüßes Paprikapulver, 1 EL Honig, 2 EL Keimöl (zum Beispiel von Mazola)

Für das Püree

2 EL Sesam, ⅛ l Milch, 1 Beutel Fertig-Kartoffelpüree für 3 Portionen (zum Beispiel 1 Beutel Pfanni „das Lockere“), 1 EL Margarine

Zubereitung

1. Den Backofen auf 200 °C (Umluft: 175 °C / Gas: Stufe 3) vorheizen und eine Auflaufform einfetten. Die Hähnchenschenkel waschen und trockentupfen. Salz, Pfeffer, Paprika, Honig und Öl in einem Schüsselchen verrühren.
2. Die Hähnchenschenkel in die Auflaufform legen und mit der Gewürzmischung einpinseln. Im heißen Backofen etwa 30 Minuten knusprig braten. Garprobe: Wenn Sie mit einer Fleischgabel hineinstechen, sollte kein Saft mehr auslaufen.
3. Kurz vor Ablauf der Backzeit die Sesamkörner in einer Pfanne ohne Fettzugabe rösten. 375 ml Wasser mit ½ TL Salz in einem Topf aufkochen. Den Topf von der Kochstelle nehmen, kalte Milch dazugießen und den Beutelinhalt Kartoffelpüree einrühren. Die Margarine und den Sesam dazugeben und unterrühren.
4. Die Hähnchenunterschenkel mit dem Sesampüree servieren. Dazu passen Blatt- und Pflücksalate.

Tipp

Geflügelfleisch muss immer gut durchgegart werden. Wenn Sie mit einer Fleischgabel in die Hähnchenschenkel stechen, sollte kein Saft mehr auslaufen.

Saftige Hammelspieße

4 Portionen; Arbeitszeit: 15 Minuten, Marinierzeit: mindestens 5 Stunden, Grillzeit: 10 Minuten

Für die Marinade

5 Knoblauchzehen, 10 Schalotten, 1 rote Zwiebel, 150 g Naturjoghurt, 2 EL Crème fraîche, Salz, Pfeffer, ½ TL gemahlener Kümmel, 1 Bund Dill

Für die Spieße

600 g Hammel- oder Lammfleisch, 4 große Zwiebeln, 2 rote Paprika

Zubereitung

1 Für die Marinade den Knoblauch in eine Schüssel pressen. Schalotten und rote Zwiebel häuten und dazureiben. Den Joghurt und die Crème fraîche zugeben, alles gut mischen, mit Salz, Pfeffer und Kümmel würzen. Dill waschen, trockenschütteln, fein hacken und unter die Marinade rühren.

2 Das Hammel- oder Lammfleisch in 2 cm große Würfel schneiden, mit der Marinade verrühren, mindestens 5 Stunden kühl stellen und ab und zu umrühren.

3 Den Holzkohlegrill oder Backofengrill anheizen. Die Fleischwürfel aus der Marinade nehmen, abtropfen lassen und mit Küchenkrepp abtupfen. Die Zwiebeln häuten und achteln, Paprikaschoten entkernen, waschen und in Stücke schneiden.

4 Auf Spieße abwechselnd die Fleischwürfel, Zwiebelachtel und Paprikastücke stecken, mit der Marinade bestreichen und etwa 10 Minuten auf dem Grillrost grillen; dabei ab und zu wenden und mit Marinade einpinseln.

Wer im Besitz von Tupperware ist, kann für die Zubereitung der Hammelspieße verwenden: Raspel-Reibe, Rührlöffel, Filiermesser, Sieb-Servierer, Backpinsel.

Pikanter Früchtereis „Marrakesch“

4 – 6 Portionen; Arbeits- und Garzeit: 25 Minuten

Für den Reis

250 g (Langkorn-)Reis, 500 ml Wasser, Salz, 2 Pfirsiche, 1 Apfel, 2 Bananen, 2 große Zwiebeln, 2 Knoblauchzehen, 5 EL Öl, 2 – 3 EL Currypulver, Pfeffer, 1 Messerspitze Safran, 1 Dose Mandarinen, 100 g Rosinen, 100 g Mandelstifte

Zubereitung

1 Den Reis im Salzwasser garen und abtropfen lassen oder mit der doppelten Wassermenge aufkochen und auf niedrigster Stufe mit geschlossenem Deckel ausquellen lassen.

2 In der Zwischenzeit die Pfirsiche, den Apfel und die Bananen schälen und in kleine Stücke schneiden.

3 Zwiebeln und Knoblauchzehen fein hacken und im heißen Öl glasig dünsten. Nacheinander Gewürze, klein geschnittenes Obst, Mandarinen mit Saft, Rosinen und Mandelstifte einrühren, den fertigen Reis untermengen. Alles gut durchziehen lassen, abschmecken und warm servieren.

Wer im Besitz von Tupperware ist, kann für die Zubereitung des Früchte-Reis zum Beispiel verwenden: Küchen-Tandem (2), Schälfix, Rührlöffel.

Tipp

Dieser fruchtig süß-scharfe Reis passt ideal zu gegrilltem Lamm oder Hühnchen. Wer mag, kann ihn mit Kurkuma (Gelbwurz) und Chilipulver statt Curry noch pikanter würzen. Sehr gut schmeckt er in Kombination mit einer frischen, kühlen Sauce aus Joghurt mit etwas Zitrone und Minze.

Granatapfel-Granité

4 Portionen; Arbeitszeit: 30 Minuten,
Kühlzeit: 6 Stunden

Für das Granité

2 Blutorangen, 2 Limonen, 5 Granatäpfel, 200 g leichter Brotaufstrich (zum Beispiel Brunch Légère), 75 g Zucker, 1 Päckchen Vanillin-Zucker

Zum Garnieren

einige Blätter Minze und Waffeln

Zubereitung

1 Blutorangen und Limonen auspressen. Granatäpfel halbieren und ebenfalls mit einer Zitruspresse entsaften.

2 Blutorangen-, Limonen- und Granatapfelsaft sowie den Brotaufstrich mit den Quirlen des Handrührers kräftig aufschlagen. Mit Zucker und Vanillezucker abschmecken.

3 In eine Metallschüssel geben und im Gefrierschrank etwa 6 Stunden gefrieren lassen. Das Granité herausnehmen, mit einem Löffelstiel grob zerhacken.

4 Das Granatapfel-Granité in gut gekühlte Gläser geben, nach Belieben mit Minze und kleinen Waffeln garnieren und sofort servieren.

Gut zu wissen

Granatäpfel sind nicht nur wegen ihrer frisch ausgeschabten süßlich-frischen Kerne begehrt, sondern dienen auch als Siruplieferant. Der bräunliche, ungesüßte Granatapfelsirup ist bei uns in türkischen oder arabischen Läden erhältlich. Er hat einen fruchtig-säuerlichen Geschmack und wird zum Abrunden von allerlei Schmor- und Gemüsegerichten, Saucen und Pasten verwendet.

Linsensuppe mit Minze

4 Portionen; Arbeitszeit: 10 – 15 Minuten,
Garzeit: 20 Minuten

Für die Suppe

1 mittelgroße Zwiebel, 200 g Möhren, 1 – 2 EL Olivenöl (zum Beispiel Bertolli Classico), 1 TL Tomatenmark, 200 g ungeschälte rote Linsen, 800 ml Brühe (zum Beispiel Knorr Delikatessbrühe), Salz, Pfeffer

Für die Garnitur

½ Bund frische Minze

Zubereitung

1 Zwiebel und Möhren schälen und in Würfel schneiden. In einem Topf mit heißem Olivenöl leicht andünsten.

2 Tomatenmark und Linsen zufügen und die Brühe dazugießen. Bei schwacher Hitze etwa 20 Minuten kochen.

3 Das weich gekochte Gemüse mit einem Stabmixer fein pürieren. Die fertige Suppe mit Salz und Pfeffer abschmecken.

4 Minze waschen, trockenschütteln und fein hacken. Vor dem Servieren in die Suppe geben.

Gut zu wissen

Minze wird frisch, häufig aber auch getrocknet als Gewürz verwendet, vor allem in Verbindung mit Orange/Zitrone, Pfeffer, Kurkuma, Kreuzkümmel und Koriander bildet sie eine klassische orientalische Gewürzkombination. Bei uns sind die bekanntesten Minzearten die Pfefferminze, Edel- und Gartenbergminze, letztere eignet sich wegen ihres sanften Aromas vor allem zur Herstellung von Tees. Marokkanische Minze hat einen süßlicheren Geschmack.

Datteln auf Frisée

4 Portionen; Arbeitszeit: 35 Minuten

Für den Salat

10 frische Datteln (etwa 200 g, erhältlich im türkischen Gemüsegeschäft), 40 g Pesto (fertige Basilikum-Paste aus dem Glas), 40 g ganze geschälte Mandeln, ½ Topf Basilikum , 8 Scheiben (à 10 g) Frühstücksspeck (Bacon), 2 – 3 EL Olivenöl (zum Beispiel Mazola Olivenöl extra vergine), Paprikapulver, edelsüß, 100 g Friséesalat

Außerdem: Basilikum zum Garnieren

Zubereitung

1. Datteln halbieren und entsteinen. 10 Dattelhälften mit je etwa ½ TL Pesto bestreichen und jeweils 2 – 3 Mandeln und Basilikumblättchen darauf legen. Die übrigen Dattelhälften darauf setzen, sodass wieder 10 ganze entstehen.
2. Bacon längs halbieren und um die Datteln wickeln. Mit je einem Holzspießchen feststecken. 1 EL Olivenöl in einer Pfanne erhitzen und die Datteln darin rundherum 2 – 3 Minuten braten. Mit Paprikapulver bestäuben.
3. Frisée putzen, waschen und trockenschütteln. Zusammen mit den Datteln auf einem Teller anrichten. Mit dem restlichen Olivenöl beträufeln. Nach Belieben mit Basilikum garnieren und servieren.

Tipp

Die beste Dattel ist wohl die tunesische Deglet en-Nour, der „Finger des Lichts“. Unvergleichlich aromatisch, sehr süß und fleischig sind diese frischen Früchte, die auch ohne weitere Zugabe ein ganzes Dessert ersetzen. Sollten Sie das Glück haben, diese Sorte probieren zu können, greifen Sie zu!

Gut zu wissen

Im ganzen Mittelmeerraum, in Nordafrika und im nahen Osten sind Olivenbäume verbreitet. Oliven werden nicht nur eingelegt als Snack geschätzt, sondern sind auch ein wichtiger Öllieferant. Fast alle Speisen in südlichen Ländern werden mit Olivenöl zubereitet. Vor allem für Salate und kalte Zubereitungen sollten Sie Wert auf beste Qualität legen und das kaltgepresste „extra vergine“ Öl kaufen, das hierzulande meist aus Italien stammt.

Auberginentatar

4 – 6 Portionen; Arbeitszeit: 40 – 45 Minuten, Backzeit: 20 – 25 Minuten, Kühlzeit: 10 Minuten

Für das Gemüse

2 Auberginen (600 g), 2 Tomaten, 1 – 2 Knoblauchzehen, 1 Bund glatte Petersilie, 1 Beutel fertige Salatgewürzmischung (zum Beispiel Beutel Knorr Salatkrönung „Mediterrane Kräuter“), 2 EL kräftiges Olivenöl (zum Beispiel Bertolli Olivenöl Robusto), eventuell Salz, Pfeffer, schwarze Oliven

Zubereitung

1 Auberginen waschen und Stielansatz entfernen. Im vorgeheizten Backofen bei 200 °C (Umluft 175 °C/ Gas: Stufe 3) 20 – 25 Minuten backen. Abkühlen lassen, die Haut vorsichtig mit einem Messer abziehen und das Fruchtfleisch würfeln.

2 Tomaten waschen, vierteln, entkernen. Knoblauch schälen. Petersilie waschen und trockenschütteln, einige Blättchen zurückbehalten. Alle Zutaten einschließlich der Auberginen fein hacken oder würfeln und miteinander vermischen.

3 Den Beutel Salatgewürz und das Olivenöl unter den Tatar mischen. Im Kühlschrank 10 Minuten ziehen lassen und eventuell mit Salz und Pfeffer abschmekken. Auf einer Platte anrichten und mit Oliven und Petersilie garnieren. Dazu passt frisches Fladenbrot.

Tipp

Die Kombination aus Petersilie, Knoblauch, Tomaten und Auberginen ist ein fester Bestandteil der mediterranen und orientalischen Küche. Wenn Sie diesem Gericht einen exotischeren Hauch verleihen wollen, können Sie eine eigene Gewürzmischung aus Zwiebeln, Knoblauch, Zimt, Kardamom und Kreuzkümmel herstellen. Ganz Mutige mischen einige Rosinen und geröstete Pistazienkerne unter den Tatar.

Fenchel mit Petersilienbutter

2 Portionen; Arbeitszeit: 15 – 20 Minuten, Garzeit: 20 Minuten

Für den Fenchel

2 große Fenchelknollen, 200 ml Weißwein, 125 ml Brühe, Salz, frisch gemahlener Pfeffer, 1 Messerspitze geriebene Muskatnuss

Für die Petersilienbutter

4 EL Olivenöl, ½ Bund glatte Petersilie, 60 g Butter, 2 EL Semmelbrösel

Zubereitung

1. Die Fenchelknollen waschen und putzen, dabei die welken Blattschichten, das Grün und das Wurzelende großzügig abschneiden. Die Knollen in gleichmäßige, etwa 1 cm dicke Scheiben schneiden.
2. Weißwein mit der Brühe aufkochen. Mit Salz, Pfeffer und Muskatnuss würzen. Die Fenchelscheiben in der Brühe gar kochen – etwa 20 Minuten. Den Fenchel mit einer Schaumkelle vorsichtig herausnehmen, damit er nicht zerfällt, und auf einem großen Sieb gut abtropfen lassen.
3. Das Öl in einer großen Pfanne erhitzen. Die Fenchelscheiben darin von beiden Seiten goldbraun anbraten. Herausnehmen, auf Küchenpapier kurz abtropfen lassen und warm stellen.
4. In der Zwischenzeit die Petersilie waschen, trockenschütteln und fein hacken. Die Butter in einer Pfanne zerlassen, Semmelbrösel und Petersilie kurz anbraten. Über die Fenchelscheiben geben und sofort heiß servieren.

Wer im Besitz von Tupperware ist, kann für die Zubereitung des Fenchels mit Petersilienbutter verwenden: Saladin, Universalmesser, Schneidbrett für A 51, Maßtrichter 0,5 l, Küchenhelfer-Duos, Salatschleuder.

Gut zu wissen

Petersilie ist ein sehr häufig verwendetes Gewürzkraut im Orient. Berühmt und weit verbreitet ist der Tabouleh, ein Salat aus großen Mengen gehackter Petersilie, Tomaten und Zwiebeln. Diese frische und würzige Mixtur begleitet praktisch jedes Vorspeisenbuffet und passt hervorragend zu Fladenbrot, gegrillten Gemüsen, aber auch Fleisch und Geflügelgerichten.

Überbackener Brokkoli-Couscous

4 Portionen; Arbeitszeit: 25 Minuten

Für das Couscous

250 g Couscous, etwas Salz

Für das Brokkoligemüse

400 g Brokkoli, 1 Zweig Minze, 1 Chilischote, gehackt, oder etwas Chilipulver, 2 EL Rosinen, 1 TL Cumin, 150 g Crème fraîche, 6 EL Sonnenblumenkerne (zum Beispiel USA-Sonnenblumenkerne), 1 Prise Salz, 100 g Schafskäse

Zubereitung

1. Zunächst den Couscous nach Packungsanweisung in Wasser garen.
2. Währenddessen den Brokkoli säubern und anschließend in Röschen teilen. Die Stiele in Stifte schneiden. Brokkolistifte und -röschen 5 Minuten in Salzwasser blanchieren. Den Backofen auf 200 °C (Umluft: 175 – 180 °C / Gas: Stufe 3 – 4) vorheizen.
3. Minze mit kaltem Wasser abspülen, trockentupfen und hacken. Mit Couscous, Chili, Rosinen, Cumin, Crème fraîche, 3 EL Sonnenblumenkernen und Salz vermischen. Anschließend abschmecken.
4. Den blanchierten Brokkoli und die Couscous-Mischung in eine feuerfeste Form schichten. Zum Schluss den Schafskäse darüber bröseln und mit 3 EL Sonnenblumenkernen bestreuen. Den Auflauf bei 200 °C 10 Minuten lang überbacken. Dazu passt neutraler Rahmjoghurt.

Gut zu wissen

Rosinen, getrocknete Aprikosen oder Pflaumen werden im Orient gerne in Verbindung mit Safran, Pinienkernen, Nüssen, Mandeln, Kreuzkümmel und Kurkuma eingesetzt. Man isst sie zu Gemüse, gewürzten Reis, aber auch zu Lamm-Schmorgerichten. Probieren Sie diese neuen Geschmacksvarianten einfach aus!

Blumenkohl in Orangensauce

4 Portionen; Arbeitszeit: 30 Minuten

Für den Reis

250 g Duftreis (zum Beispiel Uncle Ben's® Basmati & Thai Reis), 400 ml Kokosmilch, Salz

Für den Blumenkohl

1 Blumenkohl, 1 unbehandelte Orange, 1 Knoblauchzehe, 1 Chilischote, 2 Frühlingszwiebeln, 1 EL Sesamöl, 200 ml Sahne, 100 ml Gemüsebrühe, 150 ml Orangensaft, 2 EL Kokosraspeln, frisch gemahlener Pfeffer, Curry, 2 – 3 EL heller Saucenbinder

Zubereitung

1. Reis nach Packungsanweisung mit 300 ml Kokosmilch, etwa 200 ml Wasser und Salz zubereiten.
2. Inzwischen den Blumenkohl putzen, waschen, in Röschen teilen und in kochendem Salzwasser etwa 5 Minuten bissfest garen.
3. Orangenschale in Zesten abziehen, Orange schälen, Filets herausschneiden und den Saft dabei auffangen. Knoblauch schälen und zerdrücken, Chilischote halbieren, mit den Frühlingszwiebeln putzen, waschen und in feine Ringe schneiden.
4. Alles in erhitztem Öl andünsten, Blumenkohl dazugeben und mitgaren. Mit Sahne, Brühe, Orangensaft und der restlichen Kokosmilch ablöschen. Zesten und Kokosraspeln dazugeben, mit Salz, Pfeffer und etwas Curry abschmecken, Orangenfilets dazugeben und mit hellem Saucenbinder andicken.
5. Reis mit dem Blumenkohl dekorativ anrichten und nach Wunsch mit frischen Kräutern garnieren.

Orientalische Kartoffelplätzchen

4 Portionen; Arbeitszeit: 25 Minuten

Für die Kartoffelplätzchen

800 g Pellkartoffeln, am Vortag gekocht, 2 EL Cremefine zum Verfeinern (von Rama), 1 TL Salz, 2 TL gemahlener Kreuzkümmel, Pfeffer, 50 g Margarine (zum Beispiel Rama)

Für die Gemüsebeilage

200 g Möhren, 300 g Joghurt, 1 Knoblauchzehe

Zubereitung

1. Kartoffeln schälen, mit einem Kartoffelstampfer (Kartoffelpresse) stampfen. Die Cremefine unterrühren und mit Salz, Kreuzkümmel und Pfeffer abschmecken. Teig zu 12 Kartoffelplätzchen formen.
2. Margarine in einer Pfanne erhitzen und die Plätzchen bei mittlerer Hitze von jeder Seite etwa 5 Minuten braten.
3. Möhren putzen, schälen, fein raspeln und mit dem Joghurt vermischen. Knoblauch schälen, fein hacken unter den Joghurt geben, mit Kreuzkümmel, Salz und Pfeffer abschmecken.

Gut zu wissen

Kreuzkümmel oder Cumin riecht süßlich, schmeckt aber eher bitter bis scharf und vereint so viele Gegensätze orientalischer Kochkunst. Das Doldengewächs, auch Mutter- oder Römischer Kümmel genannt, ist ein Verwandter unseres Kümmels, wächst aber nur in warmen Gegenden. Kreuzkümmel ist aus zahlreichen Gerichten von China über Indien bis nach Afrika nicht wegzudenken.

Scharfe Auberginenröllchen

4 Portionen; Arbeitszeit: 25 Minuten

Für die Auberginen

2 längliche Auberginen (etwa 600 g), 100 ml Olivenöl, Salz, frisch gemahlener Pfeffer

Für die Füllung

200 g Schafskäse, 150 g Paprika-Peperoni-Joghurtcreme (zum Beispiel Brunch Paprika-Peperoni), 100 g getrocknete Tomaten (in Öl eingelegt, abgetropft), 1 – 2 Stängel Pfefferminze

Zubereitung

1. Auberginen waschen und der Länge nach in 1 cm dünne Scheiben schneiden. Öl in einer beschichteten Pfanne erhitzen und die Auberginenscheiben von beiden Seiten braten, auf Küchenpapier legen und abtropfen lassen. Mit Salz und Pfeffer würzen.
2. Schafskäse in Streifen schneiden.
3. Die Auberginenscheiben mit Brunch bestreichen. Mit dem Schafskäse, den abgetropften, eventuell zerkleinerten Tomaten und jeweils 1 – 2 Pfefferminzblättchen belegen und aufrollen. Mit kleinen Spießen fixieren. Dazu passen gewürzter Reis oder Fladenbrot.

Tipp

Um gleichmäßig dünne Scheiben zu erhalten, können Sie die Auberginen mit der Brotschneidemaschine schneiden.

Pikante Hörnchen

15 Hörnchen; Arbeitszeit: 20 Minuten, Garzeit: 5 Minuten, Ruhezeit: 30 Minuten, Backzeit: 25 Minuten

Für die Hörnchen

½ Würfel Hefe, 150 ml lauwarme Milch, 1 Prise Zucker, 350 g Mehl, Salz, 50 g zerlassene Margarine (zum Beispiel Sanella), 1 Ei

Für die Füllung

1 Zwiebel, 1 Knoblauchzehe, 30 g Margarine (zum Beispiel Sanella), 250 g Rinderhack, 225 g Tiefkühl-Blattspinat, Salz, Pfeffer, Muskatnuss, 1 Ei

Zubereitung

1. Hefe in der Milch verrühren und 10 Minuten im Warmen gehen lassen. Mehl, und Salz in eine Schüssel geben, Hefemilch, Margarine und Ei dazugeben und verkneten. Nochmals 30 Minuten gehen lassen.
2. Zwiebel und Knoblauch schälen und fein würfeln. Margarine in einer großen Pfanne erhitzen. Das Hackfleisch darin scharf anbraten, mit 2 Gabeln zerbröseln. Zwiebeln, Knoblauch und den aufgetauten Spinat dazugeben und alles 5 Minuten schmoren. Mit Salz, Pfeffer und Muskat pikant abschmecken.
3. Den Backofen auf 220 °C (Umluft: 175 °C/Gas: Stufe 3) vorheizen. Den Teig nochmals durchkneten und etwa 5 Millimeter hoch ausrollen. 15 Dreiecke ausschneiden. Das Ei trennen, die Dreiecke mit Eiweiß bestreichen, mit der Hackfüllung belegen und zu Hörnchen aufrollen. Mit Eigelb bestreichen und im heißen Ofen 25 Minuten backen.

Tipp

Wenn Sie wollen, dass Ihre Hörnchen noch orientalischer schmecken, würzen Sie das Hackfleisch zusätzlich mit Chili und Kreuzkümmel.

Safran-Huhn

4 Portionen; Arbeitszeit: 30 Minuten

Für das Huhn

4 Hähnchenbrustfilets, Salz, grob geschroteter bunter Pfeffer, 1 Messerspitze Zimt, 2 EL Öl

Für die Sauce

4 Frühlingszwiebeln, 200 ml Kokosmilch, 100 ml Geflügelbrühe, 2 Gewürznelken, 50 ml Orangensaft, 2 EL Honig, 2 Messerspitzen Safranfäden, 3 – 4 EL scharfer Senf (zum Beispiel Löwensenf Extra), Salz, frisch gemahlener weißer Pfeffer, Zimt, nach Wunsch heller Saucenbinder, 2 Orangen

Zubereitung

1 Die Hähnchenbrust waschen, trockentupfen, mit Salz, Pfeffer und Zimt würzen. Die Filets in erhitztem Öl braten, herausnehmen und warm stellen.

2 Frühlingszwiebeln waschen, putzen, schräg in Stücke schneiden und in dem Bratensatz andünsten. Kokosmilch und Brühe angießen. Alles einmal aufkochen lassen, mit Nelken, Orangensaft, Honig, Safran und Senf verfeinern, mit Salz, Pfeffer und Zimt abschmecken sowie nach Wunsch mit Saucenbinder andicken.

3 Orangen filetieren, die Filets in die Sauce geben und kurz miterhitzen. Hähnchenbrustfilets mit der Sauce servieren. Dazu passt Naturreis, verfeinert mit gehackten Pistazien.

Gut zu wissen

Safranfäden sind weltweit das teuerste Gewürz, denn für ein einziges Gramm müssen etwa 80 Blüten des Crocus sativus von Hand abgeerntet und ihre kleinen Narbenfäden abgezupft werden. Dafür würzt und färbt das kostbare Gewürz auch sehr intensiv.

Orientalische Hackbällchen

4 Portionen; Arbeitszeit: 20 Minuten, Garzeit: insgesamt 20 – 25 Minuten

Für die Hackbällchen

1 altbackenes Brötchen, 200 ml Milch, 3 TL Knoblauch-Würzpaste (zum Beispiel von Fuchs), 600 g gemischtes Hackfleisch, 1 TL granulierter Knoblauch (zum Beispiel von Fuchs), 2 TL Hot-Chili „Harissa“ Würzpaste (zum Beispiel von Fuchs), 2 Eier, Salz, ½ – 1 TL weißer gemahlener Pfeffer (zum Beispiel von Fuchs)

Für die Sherrysauce

1 große Gemüsezwiebel, 3 EL Speiseöl, 2 EL Mehl, 200 ml Gemüsebrühe, 1 große Dose geschälte Tomaten (= 850 ml), 100 ml trockener Sherry, 1 Prise Zucker

Zubereitung

1. Das Brötchen in Milch einweichen. Die Zwiebel abziehen und in feine Würfel schneiden. 1 EL Öl in einer Pfanne erhitzen, die Hälfte der Zwiebelwürfel anbraten, Mehl darüber stauben und mit Brühe, Tomaten und 50 ml Sherry ablöschen. Knoblauch-Würzpaste zugeben und etwa 15 Minuten köcheln lassen.
2. Das Brötchen gut ausdrücken und mit Hackfleisch, restlichen Zwiebeln, Knoblauchgranulat, Hot Chili „Harissa“ Würzpaste, Eiern und restlichem Sherry verkneten. Teig mit Salz und Pfeffer kräftig abschmecken.
3. Aus dem Teig mit feuchten Händen kleine Bällchen formen. In einer Pfanne das restliche Öl heiß werden lassen und die Hackbällchen darin einige Minuten braten. Anschließend zu der Sauce geben und 5 Minuten mitschmoren lassen.
4. Sherry-Tomatensauce mit Salz, Pfeffer und Zucker abschmecken, mit den Hackbällchen zusammen anrichten und nach Wunsch mit glatter Petersilie garniert servieren.

Gut zu wissen

Harissa, die afrikanisch-arabische Würzpaste lässt Freunden feurig-scharfer Gerichte viel Spielraum beim Dosieren. Es ist üblich, das Harissa zum Nachwürzen bei Tisch zu reichen, damit sich jeder Gast selbst bedienen kann. Zu einer großen Tafel gehören außerdem ein kühlender Joghurtdip, eine Karaffe mit Olivenöl, Minzeblättchen, Zitronenschnitzer und gehackte Petersilie sowie natürlich Fladenbrot. Das ist so selbstverständlich wie Pfeffer und Salz.

Lammtopf „Papaz yahnisi“

4 – 5 Portionen; Arbeitszeit: 15 Minuten, Garzeit: 50 Minuten

Für den Lammtopf

600 g Lamm- oder Rindergulasch, 3 EL Öl (zum Beispiel Mazola Keimöl), 400 g Zwiebeln, Salz, Pfeffer, 1 TL edelsüßes Paprikapulver, ½ TL Zimt, ⅛ l klare Instant-Brühe (zum Beispiel Knorr Klare Delikatessbrühe), 370 g fertige Tomaten-Kräuter-Mischung (zum Beispiel 2 Packungen Knorr Tomato al Gusto „Kräuter“), Piment, Cayennepfeffer, 2 junge Knoblauchknollen (erkennbar am grünen Stiel)

Zubereitung

1 Fleisch portionsweise im heißen Keimöl anbraten. Zwiebeln schälen, sechsteln, dazugeben und mitbraten bis sie glasig sind. Mit Salz und Pfeffer würzen. Paprika- und Zimtpulver zufügen und kurz anrösten.

2 Die Brühe angießen. Die Tomaten-Kräuter-Mischungen, etwas Piment und Cayennepfeffer zufügen.

3 Holzige Außenblätter der Knoblauchknollen entfernen und die Knollen im Ganzen einmal horizontal halbieren. Die 4 Hälften zum Fleisch geben und alles zugedeckt bei schwacher Hitze etwa 50 Minuten schmoren; dabei gelegentlich umrühren.

4 Vor dem Servieren eventuell mit Salz und Pfeffer abschmecken. Zum Schmortopf passt gekochter Bulgur (siehe auch Seite 38).

Gut zu wissen

Piment oder Nelkenpfeffer wird in der orientalischen Küche sehr viel häufiger verwendet als hierzulande, wo er vor allem als Backgewürz bekannt ist. Geschmacklich passt er ideal zu Muskat, Zimt und Gewürznelken.

Apfel-Bananen-Hähnchenspieß

**4 Portionen; Arbeitszeit: 15 Minuten, Marinierzeit: 1 Stunde
Grillzeit: 10 Minuten**

Für die Spieße

450 g Hähnchen- oder Putenbrustfilet, 1 rotbackiger Apfel, 2 Bananen, 1 Zitrone, 2 EL Öl (zum Beispiel Mazola Keimöl), gemahlener Zimt, weißer Pfeffer, Salz

Zubereitung

1 Hähnchenbrustfilets in Stücke schneiden. Den Apfel waschen, vierteln, entkernen und ebenfalls in Stücke schneiden. Die Bananen schälen und in breite Scheiben schneiden. Die Zutaten abwechselnd auf 8 Schaschlikspieße stecken.

2 Zitrone auspressen und den Saft mit Keimöl und 1 Prise Zimt verrühren, pfeffern. Die Spieße mit der Marinade bestreichen oder darin wenden und zugedeckt mindestens 1 Stunde marinieren.

3 Den Grill anheizen. Die Spieße salzen und auf dem Grill bei mittlerer bis starker Hitze rundherum kurz anbraten. Anschließend am Rand des Grillrosts bei geringer Hitze fertig grillen.

Tipp

Für Eilige empfiehlt sich zu den Grillspießen die praktische Knorr-Schlemmersauce „Asia süß-sauer“. Wenn Sie eine süßsaure Sauce selbst anrühren möchten, dünsten Sie Tomatenstückchen und klein geschnittene Zwiebel an, lassen sie mit etwas Wasser aufkochen und schmecken Sie die Sauce mit Apfelessig, Salz, Pfeffer und braunem Zucker ab. Einige Stücke Ananas geben zusätzlichen Pfiff.

Lammkoteletts

4 Portionen; Arbeitszeit: 20 Minuten, Ruhezeit: 15 Minuten für den Kohl, Garzeit: 5 – 6 Minuten

Für die Lammkoteletts

8 Lammkoteletts (à 100 g), 1 EL Öl, Salz, grober Steakpfeffer

Für die Minzsauce

1 EL frische Minze, 200 g Vollmilchjoghurt , 1 EL Fruchtaufstrich oder Marmelade (zum Beispiel Du darfst Fruchtaufstrich Tropische Früchte), ½ TL Currypulver

Für den Salat

800 g Weißkohl, 1 TL Salz, 1 eingelegte rote Peperoni (mittelscharf), 50 g fettarme Salami (zum Beispiel Du darfst Salami), 3 EL Kräuteressig, 1 Knoblauchzehe, ½ TL Pimentpulver, 2 EL Olivenöl

Zubereitung

1 Zunächst den Salat zubereiten: Dafür den Weißkohl in dünne Streifen schneiden, mit Salz durchkneten und gut durchziehen lassen. Die Peperoni entkernen und in Ringe schneiden. Beides mit dem Kohl mischen. Die Knoblauchzehe schälen und hacken. Aus Essig, Knoblauch, Piment und Olivenöl eine Marinade rühren und zum Kohl zufügen.

2 Während der Kohl durchzieht, für die Sauce die Minzeblätter hacken. In einer Schüssel den Joghurt mit dem Fruchtaufstrich, den gehackten Minzeblättern und dem Currypulver verrühren.

3 Die Lammkoteletts waschen, trockentupfen und von beiden Seiten mit Öl bestreichen. Auf dem heißen Grill von beiden Seiten je 2 – 3 Minuten goldbraun garen. Mit Salz und Pfeffer bestreuen.

4 Die Lammkoteletts auf dem Kohl anrichten und die Minzsauce extra dazu reichen.

Safran-Grießkuchen

10 Stücke; Arbeitszeit: 30 Minuten, Kühlzeit: 1 Stunde

Für den Kuchen

10 Cashewnüsse, 2 EL Rosinen, 2 EL Pflanzenöl, 1 Prise Safran, 2 EL Milch, 80 g Butter, 250 g Weichweizen-Grieß (zum Beispiel von Goldpuder), 200 g Zucker, ¼ TL gemahlener grüner Kardamom, 4 EL geröstete Kokosnussraspel, 5 getrocknete oder frische Datteln

Für den Joghurt

200 g Joghurt, 1 Prise gemahlener grüner Kardamom, 1 EL Zucker

Zubereitung

1. Nüsse grob hacken, mit Rosinen in heißem Öl etwa 2 – 3 Minuten anrösten und auf Küchenpapier abtropfen lassen. Safran mit Milch verrühren. Butter in einer Pfanne erhitzen, Grieß darin 10 – 15 Minuten unter Rühren goldbraun braten. Unter Rühren nach und nach 300 ml heißes Wasser zufügen. Zucker, Kardamom und Safranmilch einrühren und bei geringer Hitze 5 – 7 Minuten garen. Zum Schluss noch die Hälfte der Kokosraspel, die Nüsse und Rosinen unterrühren.
2. Die Grießmischung in eine gefettete flache Auflaufform streichen, mit den restlichen Kokosraspeln bestreuen und etwa 1 Stunde kalt stellen.
3. Für den Joghurt alle Zutaten verrühren. Datteln entsteinen und in Streifen schneiden. Grießkuchen in Stücke schneiden und mit den Datteln garnieren. Den Joghurt zum Grießkuchen servieren.

Tipp

Zum Garnieren können Sie statt Datteln auch Obst der Saison wie zum Beispiel klein geschnittene Pflaumen oder Aprikosen verwenden.

Fruchtiger Dessertkuchen „Bosporus“

16 Stücke; Arbeitszeit: 30 – 35 Minuten, Kühlzeit: 1 Stunde
Backzeit: 45 Minuten

Für den Teig

300 g Mehl, 1 Prise Salz, 2 Päckchen Vanillin-Zucker, 125 g kalte Butter, 1 Ei, 1 Eigelb

Für den Belag

500 g blaue Feigen, 250 g Ricotta (zum Beispiel Galbani Santa Lucia), 100 g Zucker, 100 g süße Sahne, 3 El Zitronensaft, 2 Eier, 1 Prise Zimtpulver, Puderzucker

Zubereitung

1 Mehl, Salz, Vanillin-Zucker, Butter in Stücken, Ei und Eigelb zu einem glatten Teig verkneten, zu einer Kugel formen und etwa 1 Stunde kühl stellen.

2 Für den Belag Feigen waschen und achteln. Wenn die Schale relativ dick ist, das Fruchtfleisch davon abschneiden. Den Ricotta mit Zucker, Sahne, Zitronensaft, Eiern und Zimt verrühren.

3 Den Teig dritteln. Zwei Drittel auf wenig Mehl in Größe einer runden Tarteform (von 30 cm Durchmesser) ausrollen, die gefettete Form damit auskleiden. Backofen auf 180 °C (Umluft 160 °C / Gas Stufe 2–3) vorheizen. Den übrigen Teig dünn ausrollen und in etwa 1 cm breite Streifen schneiden.

4 Den Teig in der Form mit den Feigen belegen, die Ricottacreme darüber verstreichen. Teigstreifen zu einem Gitter auf dem Kuchen verteilen und an den Rändern andrücken.

5 Den Fruchtigen Dessertkuchen auf der mittleren Schiene des heißen Backofens etwa 45 Minuten backen, bis er schön gebräunt ist. Nach dem Abkühlen mit Puderzucker bestauben.

Libanesische Nusstaler

50 Plätzchen; Arbeitszeit: 15 Minuten, Kühlzeit: 60 Minuten, Backzeit: 20 Minuten

Für die Nusstaler

Je 25 g Walnüsse und Haselnüsse, 160 g Diät-Margarine (zum Beispiel Becel Diät für die warme Küche), 2 ½ TL flüssiger Süßstoff, 1 kleines Ei, 1 gehäufter EL Kakao, 2 TL abgeriebene Orangenschale, 125 g Mehl Type 550, 1 Prise Jodsalz, 1 Messerspitze Anis

Zubereitung

1 Die Walnüsse und Haselnüsse hacken. Diät-Margarine, Süßstoff, Ei, Kakao, Orangenschale, Mehl, Salz und Anis rasch zu einem Teig verarbeiten. Diesen zu einer Rolle von 3 cm Durchmesser formen und in den gehackten Nüssen wälzen. In Frischhaltefolie wickeln und etwa 60 Minuten kalt stellen.

2 Den Backofen vorheizen auf 180 °C (Umluft 160 °C / Gas Stufe 2 – 3). Die Rolle in ½ cm breite Scheiben schneiden und auf ein mit Backpapier belegtes Backblech setzen. Die Schokoplätzchen im vorgeheizten Backofen 20 Minuten backen. Diese köstlich nussig-schmeckenden Plätzchen sind auch für Diabetiker geeignet.

Gut zu wissen

Zum Abschluss eines geselligen Abendessens gehören Süßigkeiten ebenso wie ein orientalischer Mokka. Käse wird im Gegensatz zur europäischen Tradition niemals am Ende eines Essens gereicht, sondern eher als Vorspeise. Leicht gesalzene Nüsse sind ebenfalls ein beliebter Snack zu jeder Tageszeit, vor oder nach dem Essen, oder kombiniert mit Süßem. Nüsse von hervorragender Qualität kommen aus dem Libanon.

Crêpes mit Nüssen

6 Portionen; Arbeitszeit: 35 Minuten

Für die Füllung

2 Äpfel, 1 unbehandelte Zitrone, das Mark einer halben Vanilleschote, 200 g Frischkäse, 1 EL Honig

Für den Pfannkuchenteig

2 Eier, 2 Tassen Milch, 2 Tassen Weizenmehl Type 1050, 1 Prise Salz, etwas Bratfett (zum Beispiel Sanella zum Backen)

Für den Nusskrokant

200 g Nusskernmischung, 6 EL Honig

Zubereitung

1 Für die Füllung die Äpfel schälen, entkernen und fein raspeln. Die Zitrone dünn abschälen und den Saft auspressen. Die Vanilleschote längs aufschneiden und mit einem scharfen kleinen Messer das schwarze Mark herauskratzen. Frischkäse und Honig mit dem Handrührgerät aufschlagen. Die Äpfel darunter rühren und alles mit Zitronenschale, -saft und Vanillemark abschmecken. Kalt stellen.

2 Für den Pfannkuchenteig alle Zutaten miteinander zu einem glatten Teig verrühren. Das Fett in einer großen Pfanne heiß werden lassen. Aus dem Teig nacheinander 6 Pfannkuchen backen und warm stellen.

3 Die Nüsse in einer Pfanne ohne Fett rösten, den Honig und 1 – 2 Esslöffel Wasser hinzufügen und aufwallen lassen.

4 Die Pfannkuchen mit der Frischkäsefüllung und ⅔ des Nusskrokants bestreichen, aufrollen, auf einen Teller geben. Die restlichen Nüsse darüber verteilen.

Melonen-Parfait

4 Portionen; Arbeitszeit: 25 – 30 Minuten,
Kühlzeit: 3 Stunden

Für das Parfait

2 kleine reife Honig- oder Galia-Melonen à 800 g, 2 Zweige frische Zitronenmelisse, 200 ml weißer Portwein, 50 g Puderzucker, 200 g Dickmilch

Zubereitung

1 Die Melonen halbieren und die Kerne herauskratzen. Beide Hälften einer Melone in Spalten schneiden. Das Fruchtfleisch aus den Schalen lösen, klein würfeln und in einem Gefrierbehälter flach verteilen. Mindestens 3 Stunden tiefkühlen.

2 Die Zitronenmelisse waschen, trockentupfen und einige Blättchen grob hacken. Aus dem Fleisch der zweiten Melone Bällchen ausstechen und mit der gehackten Melisse in 4 Gläser verteilen. Mit dem Portwein übergießen.

3 Vor dem Servieren die gefrorenen Melonenwürfel etwa 5 Minuten antauen lassen, bis sie sich aus dem Behälter lösen lassen. Dann sofort im Mixer zusammen mit dem Puderzucker und der Dickmilch pürieren.

4 Aus der Masse Kugeln oder Nocken formen und auf die Gläser verteilen. Mit den restlichen Zitronenmelisseblättchen garnieren.

Wer im Besitz von Tupperware ist, kann für die Zubereitung des Melonen-Parfaits verwenden: Kugelfix, Schneidbrett für A 51, Universalmesser, Gefrier-Tortenbehälter, Saladin, Gelati.

Tipp

Aufgrund seiner kurzen Zubereitungszeit bietet sich das Parfait als leichtes, erfrischendes Dessert nach einer großen Hauptspeise an. Die Melone können Sie schon einige Tage im voraus einfrieren. Dazu passen Waffelröllchen.

Feigentorte

12 Stücke; Arbeitszeit 30 Minuten, Backzeit: 25 Minuten, Kühlzeit: insgesamt 4 Stunden

Für den Teig

250 g Mehl, 60 g Zucker, 125 g Butter, 1 Ei, 1 Prise Salz

Für die Füllung

3 Eigelb, 80 g Zucker, 2 – 3 EL Orangenlikör, 2 EL Orangensaft, 250 g Mascarpone (zum Beispiel Galbani Santa Lucia), 200 g Joghurt, 3 Blätter Gelatine, 8 – 10 reife Feigen, 150 g Aprikosenmarmelade

Zubereitung

1. Alle Zutaten für den Teig gut verkneten und etwa 1 Stunde kalt stellen.
2. Den Backofen auf 200 °C (Umluft: 180 °C / Gas: Stufe 4) vorheizen. Teig zwischen Folie ausrollen, in eine gefettete Springform von 26 cm Durchmesser legen und dabei einen Rand hochziehen. Den Boden mehrmals mit einer Gabel einstechen und etwa 25 Minuten backen. Auskühlen lassen.
3. Für die Füllung die Eigelbe mit Zucker im heißen Wasserbad sehr schaumig schlagen. Den Likör sowie Saft zugeben, Mascarpone und Joghurt unterrühren.
4. Die Gelatine nach Packungsanweisung einweichen, auflösen und unter die Creme ziehen. Creme auf dem ausgekühlten Boden glatt verstreichen und die Torte 30 – 45 Minuten kalt stellen.
5. Anschließend die Feigen waschen, trockentupfen, vierteln und auf die Creme setzen. Die Aprikosenmarmelade kurz aufkochen, durch ein Sieb streichen und hauchdünn auf die Feigen pinseln. Die Feigentorte vor dem Servieren nochmals 1 ½ – 2 Stunden kalt stellen.

Sherif Omar Alis Abschiedstrunk

4 Gläser; Arbeitszeit: 15 Minuten

Für den Punsch

1 Stück frischer Ingwer (3 cm), 1 TL Kardamomkapseln, 1 TL Nelken, 2 kleine Zimtstangen, 1 EL Sternanis, 1 EL loser schwarzer Tee (Darjeeling-Tee), 4 TL brauner Kandis

Zum Dekorieren

4 lange Zimtstangen, 4 Wunderkerzen

Zubereitung

1 Den Ingwer schälen und klein schneiden. Zusammen mit Kardamom, Nelken, kleinen Zimtstangen und Sternanis in 900 ml Wasser 5 Minuten köcheln lassen.

2 Die Gewürze abseihen, den Sud dabei auffangen, erneut aufkochen und die Teeblätter damit übergießen. 3 Minuten ziehen lassen, durch ein Sieb gießen, den Gewürz-Punsch dabei auffangen.

3 Punsch mit dem Kandis in hohe Gläser füllen. In die langen Zimtstangen Wunderkerzen stecken, in die Gläser geben, anzünden und sofort servieren.

Tipp

Dieser schmackhafte Punsch vereint noch einmal einige der wichtigsten Zutaten der Orientküche: Ingwer, Kardamom, Anis und Zimt. Damit Ihre orientalischen Küchenzaubereien das volle, scharf-süße Aroma entfalten können, das sie so unvergleichlich macht, sollten Sie nur hochwertige Würzzutaten verwenden und regelmäßig ihre Haltbarkeit prüfen. Denken Sie auch daran, dass ganze Samen und Kapseln länger halten als gemahlene Gewürze.

Rezepte